À Altidor,
pour que
le bien et le mal
ne deviennent pas
des épouvantails.

Nous remercions la ville de Nanterre,
qui nous a permis de développer notre projet de philosophie à l'école primaire,
les enseignants qui se sont lancés dans cette aventure, et tous les enfants de la ville qui ont tenté de redonner sens et vigueur à la parole.

Toute notre reconnaissance à Isabelle Millon, pour sa précieuse collaboration.

Maquette : **«À la belle maquette» Laurence Moinot**

Philo Z'enfants

Le bien et le mal, c'est quoi ?

Texte d'Oscar Brenifier
Dessins de Clément Devaux

Nathan

Des questions ?
Pourquoi des questions ?

Les enfants se posent des questions, toutes sortes de questions, souvent importantes. Que faire de ces questions ?
Faut-il que les parents y répondent ?
Pourquoi répondraient-ils à la place de l'enfant ?

Il ne s'agit pas ici d'exclure la réponse des parents : elle peut aider l'enfant à se constituer. Mais il convient aussi d'apprendre à l'enfant à penser et juger par lui-même, à réfléchir pour pouvoir acquérir sa propre autonomie et devenir responsable.

Dans les différents ouvrages de la collection Philozenfants, à chaque question s'offrent plusieurs réponses.
Certaines paraîtront évidentes, d'autres mystérieuses, étonnantes, déroutantes. Toutes feront l'objet de nouvelles questions, car la pensée est un chemin qui ne connaît pas de fin.

Ces dernières questions resteront peut-être sans réponse.
Tant mieux. Il n'est pas indispensable de répondre.
Une question peut être aimée pour elle-même, uniquement parce que c'est une belle question, parce qu'elle présente un beau problème, porteur de sens et de valeur.
Ainsi, la vie, l'amour, le beau ou le bien resteront-ils toujours des questions.

Mais des pistes se dessineront. Examinons-les, apprécions-les comme de véritables amis qui veulent nous garder éveillés.
Et prolongeons ce dialogue, en pariant qu'il apportera autant aux enfants qu'aux parents.

Oscar Brenifier

Sommaire

As-tu le droit de voler pour manger ?

NON,
CAR C'EST MAL DE VOLER.

Oui, mais...

Qui a dit que c'était mal ?

Peut-on avoir des idées différentes du bien et du mal ?

Pourquoi ne ferais-tu pas ce qui est mal ?

La vie permet-elle de toujours faire ce qui est bien ?

NON, CAR JE NE
CE QUI NE

Oui, mais...

Et si tu risques de mourir de faim ?

N'est-ce pas ce que disent
les gens qui ont déjà à manger
pour se protéger ?

Ne doit-on pas aussi protéger
les gens qui n'ont pas à manger ?

Si chacun doit se nourrir,
la nourriture ne devrait-elle pas
appartenir à tout le monde ?

DOIS PAS PRENDRE M'APPARTIENT PAS.

As-tu le droit de voler pour manger ?

Oui, si j'ai moins à manger que les autres.

Oui, mais…

Si tu as assez à manger, pourquoi en vouloir plus ?

Peut-on tous avoir la même chose ?

Pourquoi faudrait-il que tout le monde ait la même chose ?

NON, CAR LES POLICIERS RISQUENT DE M'ARRÊTER.

Oui, mais...

Et si personne ne te voyait, volerais-tu ?

Peut-on vivre sans police ?

Ne faut-il pas arrêter les voleurs ?

NON, CAR C'EST INTERDIT PAR LA LOI.

Oui, mais...

La loi peut-elle accepter des exceptions ?

Une loi peut-elle être injuste ?

Doit-on obéir à une loi, si elle est injuste ?

La loi est-elle la même dans tous les pays ?

Oui,
SI J'AI TRÈS ENVIE
DE MANGER.

Oui, mais...

Tes envies doivent-elles te dominer ?

Peut-on vivre ensemble si chacun suit ses envies ?

Tes envies sont-elles toujours bonnes pour toi ?

Ne peux-tu pas te procurer à manger par d'autres moyens ?

On dit que ce n'est pas bien de voler ce qui ne nous appartient pas. Comme la morale, la loi l'interdit d'ailleurs. Parfois pourtant, l'envie est forte et seule la crainte de la punition empêche le vol. Mais beaucoup de gens pensent aussi que chaque être humain a le droit de manger à sa faim. Une mère qui ne peut pas nourrir ses enfants ou un peuple affamé peuvent-ils, dès lors, ne pas respecter la loi ? Cette opposition montre que la loi a parfois du mal à protéger la société dans son ensemble et chaque individu en particulier.

Te poser cette question, c'est donc...

... te demander à quoi servent les lois dans la société.

... te rendre compte que ce qui est juste, ce qui est bien et ce qui est autorisé ne vont pas toujours ensemble.

... reconnaître les injustices du monde.

... comprendre que la loi n'est pas toujours parfaite, mais peut aussi changer.

Dois-tu être gentil avec les autres ?

OUI, S'ILS SONT

Oui, mais...

Qui doit être gentil en premier, toi ou les autres ?

Ne t'énerves-tu jamais contre les gens gentils ?

Peut-on avoir l'air gentil sans l'être ?

Peut-on être gentil sans en avoir l'air ?

GENTILS AVEC MOI.

Oui, MÊME S'ILS NE SONT PAS GENTILS AVEC MOI.

Oui, mais...

Et s'ils te frappent ?

Est-il possible d'être gentil tout le temps avec tout le monde ?

Rends-tu service aux méchants en étant gentil avec eux ?

Pourquoi tiens-tu tant à être gentil ?

Oui, comme ça leur demander

Oui, mais...

La vraie gentillesse n'est-elle pas désintéressée ?

Et si eux te demandent aussi des choses, les leur donneras-tu pour être gentil ?

Deviendras-tu méchant si tu n'obtiens pas ce que tu veux ?

Aimes-tu que les gens soient gentils comme toi par intérêt ?

JE PEUX

DES CHOSES.

NON, PARCE QUE CERTAINS

Oui, mais...

Doit-on être méchant
avec les méchants ?

Faut-il se méfier
de tout le monde ?

Peux-tu trouver des excuses
à ceux qui te veulent du mal ?

La maîtresse qui te punit
te veut-elle du mal ?

ME VEULENT DU MAL.

SEULEMENT SI JE SUIS

Oui, mais…

Deviens-tu méchant si tu es de mauvaise humeur ?

Est-ce toi qui détermines ton humeur ou ton humeur qui te détermine ?

Trouves-tu normal de subir les humeurs des autres ?

DE BONNE HUMEUR.

OUI, CAR SINON
LES AUTRES
NE M'AIMERONT PAS.

Oui, mais...

Est-ce la peur de déplaire qui te rend gentil ?

Peut-on parfois ne pas être gentil avec ceux qu'on aime ?

Faut-il être aimé par tout le monde ?

Doit-on tout accepter pour être aimé ?

Les adultes veulent que tu sois gentil,
alors qu'ils ne le sont pas toujours. Pourquoi te font-ils cette demande ? Pourquoi être gentil ? Pour des raisons plus ou moins profondes : par générosité, parce que les autres sont gentils avec toi, pour qu'ils te rendent ta gentillesse ou t'offrent leur amour en échange. Mais ce n'est pas si facile d'être gentil : on n'en a pas toujours envie ; parfois la vie ne permet pas de l'être. Et la gentillesse peut être ressentie comme une faiblesse par ceux qui nous veulent du mal. Faut-il imposer la gentillesse comme une valeur pour vivre un jour dans un monde plus généreux ?

Te poser cette question, c'est donc...

... comprendre que les sentiments et les comportements des gens sont parfois contradictoires et compliqués.

... savoir comment agir envers les autres et non pas seulement réagir en fonction d'eux.

... tenter de définir ce qu'est la gentillesse au-delà de ses apparences.

... envisager ce que la gentillesse peut changer pour toi, les autres, le monde.

Dois-tu toujours obéir à tes parents ?

Oui, mais...

Est-ce uniquement
la crainte qui te fait obéir ?

S'ils ne faisaient que
t'expliquer gentiment
les choses, leur obéirais-tu ?

Comprends-tu toujours
pourquoi ils te punissent ?

Dois-tu avoir peur
d'être puni ?

Oui, PARCE QUE SINON ILS ME PUNISSENT.

OUI, PARCE QU'ILS SAVENT PLUS DE CHOSES QUE MOI.

Oui, mais…

Ne connais-tu pas
des choses qu'ils ignorent ?

Tes parents peuvent-ils se tromper ?

Et si la maîtresse te dit
le contraire de tes parents ?

Dois-tu toujours obéir à un adulte
qui sait plus de choses que toi ?

Oui, PARCE QUE JE LES AIME ET QUE JE LEUR FAIS CONFIANCE.

Oui, mais…

Peut-on aimer quelqu'un et lui désobéir ?

Trahis-tu la confiance de tes parents en t'opposant à eux ?

Dois-tu avoir plus confiance en tes parents qu'en toi ?

NON, PARCE QUE
JE N'AIME PAS OBÉIR.

Oui, mais...

Un enfant est-il assez grand pour choisir ce qu'il veut faire ?

En obéissant, ne peux-tu pas découvrir des choses que tu aimes ?

Une famille peut-elle fonctionner sans obéissance ?

Tes parents ont-ils le droit de te laisser faire tout ce que tu aimes ?

Oui, PARCE QU'ON LES ADULTES.

Oui, mais…

Les adultes méritent-ils plus de respect que les enfants ?

Tous les adultes sont-ils respectables ?

L'obéissance est-elle toujours une forme de respect ?

Peut-on désobéir par respect pour soi-même ?

DOIT RESPECTER

C'est un principe établi : tu dois obéir à tes parents. Parce qu'ils sont adultes et responsables de toi devant la loi. Parce que tu leur fais confiance. Par amour et par respect aussi. Mais dois-tu pour autant être passif, craintif, et ne pas chercher à comprendre ce que tes parents te demandent, et pourquoi ils te le demandent ? Le rôle de tes parents n'est-il pas aussi de t'expliquer leurs obligations et leurs interdits ? Leur autorité ne doit pas être abusive, mais pour avoir un sens, ton obéissance ne peut pas être aveugle...

Te poser cette question, c'est donc...

... dépasser la crainte de l'adulte
et apprendre à lui parler.

... te demander ce que tu ferais
si tu étais à la place de tes parents.

... admettre que tout enfant a besoin
d'un parent pour lui ouvrir la voie.

... prendre conscience qu'on n'est
jamais trop petit pour chercher
à comprendre et avoir des idées.

Dois-tu tout dire ?

NON, CAR LA VÉRITÉ PEUT PROVOQUER DES DISPUTES.

Oui, mais…

La vérité ne vaut-elle pas la peine qu'on se dispute pour elle ?

Le mensonge et le silence ne provoquent-ils pas aussi des disputes ?

Pourquoi la vérité serait-elle désagréable ?

NON, PAS SI CELA RISQUE

Oui, mais...

Peut-il être préférable de mentir ou de se taire ?

Doit-on vivre dans l'ignorance pour ne pas avoir mal ?

Peut-on dire gentiment une chose blessante ?

DE BLESSER QUELQU'UN.

J'AI LE DROIT DE TOUT DIRE

CAR ON EST EN DÉMOCRATIE.

NON, PAS SI J'AI PROMIS DE GARDER LE SECRET.

Oui, mais...

Certains secrets sont-ils trop lourds à garder ?

Et si ce secret laisse accuser quelqu'un à tort ?

Pourquoi te confie-t-on un secret, s'il doit être secret ?

A-t-on le droit de demander à quelqu'un de se taire ?

OUI, PARCE QUE ÇA ME SOULAGE.

Oui, mais…

La parole est-elle suffisante pour exprimer ce que l'on ressent vraiment ?

Ne vaut-il pas mieux garder certaines pensées pour soi ?

Et si ça rend les autres malheureux ?

Le mensonge ou le silence ne sont-ils pas parfois plus confortables que la parole ?

bla bla blab labl blablabla lbla bla
bla bla bla bla bla bla l bla l bla l bla
la bla bla lbla l blablal blablabla bla
lablablablal bla bla lbla b bla bla ll bla b
b lab lb la l bla b la bl b la bla bla/ bla bl
a bla l bla bla l bla bla bla bla bla l bla
lba la bla bla l bla l bla bla blala bla

NON, CAR CERTAINES CHOSES NE REGARDENT QUE MOI.

Oui, mais...

Ne dois-tu pas tout partager avec ceux que tu aimes ?

Doit-on avoir honte ou peur de parler de soi ?

En ne disant pas la vérité, peut-on se cacher des choses à soi-même ?

Resteras-tu toi-même si tu dis tout aux autres ?

La parole est un moyen de t'affirmer par rapport aux autres et de défendre tes idées. Elle peut soulager et aider à résoudre des problèmes. Mais elle en crée aussi : elle t'expose davantage au regard des autres et la vérité ne fait pas toujours plaisir à entendre. Pour empêcher les disputes, tu préfères alors te taire. As-tu, en effet, le droit de blesser les autres avec tes mots ou de révéler leurs secrets ? D'autant plus qu'une fois prononcées, les paroles ne se rattrapent pas. Elles ont un poids et une valeur : tout dire ne signifie pas pour autant dire n'importe quoi.

Te poser cette question, c'est donc...

... prendre conscience de ce que signifie la vérité pour toi et pour les autres.

... penser à celui auquel tu parles et te mettre à sa place.

... apprendre à contrôler ta parole et savoir aussi te taire.

... réaliser que tu ne t'exprimes pas seulement avec des mots.

Dois-tu toujours faire ce que tu veux ?

Oui, car je veux être heureux

Oui, mais…

Ce que tu veux est-il toujours bien pour toi ?

Ton bonheur est-il plus important que celui des autres ?

Ton bonheur dépend-il seulement de ce que tu veux, toi ?

Ton bonheur est-il seulement lié à ce que tu fais ?

NON, PAS QUAND CELA DÉRANGE LES AUTRES.

Oui, mais...

Pourquoi les autres décideraient-ils pour toi ?

Et si les autres te dérangent ?

N'est-il pas parfois nécessaire de déranger les autres ?

NON, CAR JE SUIS TROP PETIT POUR DÉCIDER

Oui, mais...

Les adultes décident-ils toujours vraiment ce qu'ils font ?

Manque-t-il quelque chose aux enfants pour qu'ils puissent décider ?

Les adultes doivent-ils tout décider à ta place tant que tu es petit ?

Comment apprendre à décider si tu ne décides jamais de rien ?

Oui, si j'ai bien réfléchi.

Oui, mais...

Comment sais-tu que tu as bien réfléchi ?

Peut-on tout prévoir si l'on réfléchit ?

Les gens qui réfléchissent agissent-ils mieux que les autres ?

Réfléchir peut-il empêcher d'agir ?

NON,
JE NE PEUX PAS
FAIRE CE QUI
EST INTERDIT.

Oui, mais...

Es-tu obligé de respecter aveuglément tous les interdits ?

Peut-on être libre en respectant les interdits ?

Peut-on vivre sans interdits ?

Les interdits et les obligations te pèsent.

Tu rêves d'être libre. Cela signifie pour toi être heureux. Et pour cela, tu penses devoir faire tout ce que tu veux. En ne pensant qu'à toi et à tes envies. Sans modération, sans contraintes, sans souci de la morale et de la loi. Mais peux-tu être libre sans tenir compte des autres ? Es-tu assez grand, réfléchi, pour savoir ce que tu veux ? Tes humeurs, les événements de la vie ne te font-ils pas parfois changer d'avis ? Croire que l'on peut vivre sans obligations, c'est rêver d'être libre. Tenter de l'être, c'est réfléchir à ce que l'on veut vraiment en tenant compte de la réalité et des envies des autres...

Te poser cette question, c'est donc...

... prendre en compte ce que tu dois aux autres.

... apprendre à te méfier de toi-même et de tes propres aveuglements.

... distinguer ce qui appartient au domaine du rêve et à celui de la réalité.

... faire la différence entre tes désirs immédiats et tes volontés plus réfléchies.

Dois-tu aider les autres ?

OUI, PARCE QUE JE NE DOIS PAS ÊTRE ÉGOÏSTE.

Oui, mais...

Ne faut-il pas d'abord penser à soi pour survivre ?

Sais-tu toujours comment aider les autres ?

Les autres ne sont-ils pas trop nombreux ?

Faut-il aider les autres sans qu'ils l'aient demandé ?

Oui, mais...

OUI, PARCE QUE J'AIME FAIRE PLAISIR AUX AUTRES.

Aides-tu les autres pour te faire plaisir ou pour leur faire plaisir ?

Et s'ils ne te disent pas merci, es-tu fâché ?

Et toi, aimes-tu toujours être aidé ?

OUI, COMME ÇA J'AI PLEIN D'AMIS.

Oui, mais...

Celui qui est avec toi parce que tu l'aides est-il un vrai ami ?

Et si tes amis ne t'aident pas, peux-tu rester ami avec eux ?

Lorsque tu es loin et que tu ne peux pas aider tes amis, les perds-tu ?

Devient-on toujours ami avec ceux que l'on aide ?

NON,
PAS LES INCONNUS.

Oui, mais...
Pourquoi la loi nous oblige-t-elle parfois à aider un inconnu en danger ?
Les inconnus ont-ils moins besoin d'aide que nos proches ?
Peut-il être dangereux d'aider quelqu'un ?
Aider quelqu'un, n'est-ce pas apprendre à le connaître ?

NON, PARCE QUE CHACUN DOIT APPRENDRE À SE DÉBROUILLER TOUT SEUL.

Oui, mais…

N'a-t-on pas tous besoin les uns des autres quand on vit en société ?

N'a-t-on pas besoin des autres pour apprendre à être autonome ?

Les enfants ou les malades sont-ils aussi capables de se débrouiller seuls ?

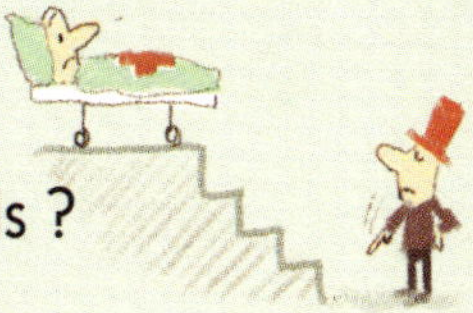

Est-ce mal d'avoir besoin des autres ?

Tu penses qu'il ne faut pas être égoïste et que c'est bien d'être généreux. Pourtant, une aide peut être mal perçue. Toi-même, tu préfères parfois te débrouiller seul pour faire tes propres expériences et pouvoir grandir doucement. Et puis tes intentions sont-elles toujours bonnes ? N'es-tu pas parfois généreux pour obtenir une récompense ou te donner bonne conscience ? N'aides-tu pas seulement tes amis ? Être généreux, c'est apprendre à faire attention aux gens qui t'entourent, à comprendre leurs besoins et leurs motivations. C'est pouvoir être soi en étant lié aux autres.

Te poser cette question, c'est donc...

... accepter qu'il ne faut pas s'oublier pour pouvoir penser aux autres.

... apprendre à vivre en société.

... savoir agir envers les autres, sans crainte, de manière réfléchie.

... prendre conscience qu'on ne peut aider les autres que si l'on accepte d'être aidé.

Oscar Brenifier

Docteur en philosophie et formateur, il a travaillé dans de nombreux pays pour promouvoir les ateliers de philosophie pour les adultes et la pratique philosophique pour les enfants. Il a publié pour les adolescents la collection « L'apprenti-philosophe » (Nathan) et l'ouvrage Questions de logiques (Le Seuil), pour les enfants les collections « PhiloZenfants » et « PhiloZidées », « Le livre des grands contraires philosophiques » (Nathan) et « Les petits albums de philosophie » (Autrement), ainsi que des manuels pour enseignants, Enseigner par le débat (CRDP) et La pratique de la philosophie à l'école primaire (Sedrap). Il est l'un des auteurs du rapport de l'Unesco sur la philosophie dans le monde : La philosophie, une école de liberté.

www.brenifier.com

Clément Devaux

Clément Devaux est né à Pontarlier en 1979. C'est BIEN.
Il a commencé sa carrière très jeune en coloriant en jaune toutes les fenêtres des petites maisons sur le papier peint de sa chambre, pour être moins seul la nuit.
C'était joli, mais c'était MAL.
À l'école, il écoutait attentivement ses professeurs. Ça, c'est BIEN.
Mais il dessinait toujours en même temps et ça, c'est MAL.
Un jour, il a décidé de devenir illustrateur et ça lui plaît beaucoup. Parce que vivre en faisant ce que l'on aime, c'est vraiment BIEN !

ISBN : 978-2-09-253239-3 - N° d'éditeur : 10211311 - Dépôt légal : janvier 2011
Achevé d'imprimer en janvier 2015 par Loire Offset Titoulet (42900 Saint-Etienne, France).
Loi n°49-956 du 16 juillet 1949 sur les publications destinées à la jeunesse, modifiée par la loi n°2011-525 du 17 mai 2011